Le poids des mots

Du même auteur :

- La vie en poèmes, Edition Edilivre, 2014
- Les larmes à double sens, Edition BoD, 2015

CHORZEPA JEREMY

Le poids des mots

Je rends hommage, par ce livre, à tous les enfants, qui sont décédés à cause de ce harcèlement scolaire.
Je n'oublie pas non plus, les enfants qui subissent encore ce harcèlement aujourd'hui, et qui se battent pour réussir leurs études.
Et je finirais cette dédicace à tous ceux, qui ont vécu ce fléau de plein fouet et qui, aujourd'hui, se battent pour que les enfants de demain ne connaissent pas ce cauchemar, qui a couté la vie à certaines personnes.

Illustrations :
Elisa Dexet

Le collège de l'enfer

Cet enfant avec un sourire caché

C'est son enfance qui a été brisée

Mais comment comprendre cela

Car jamais il te le montrera

Ceci a débuté au collège

C'est là qu'a commencé le manège

Cela a même continué au lycée

Et le bouton stop n'a plus marché

Ce garçon est obligé de continuer

A se battre seul pour avancer

Car la peur lui monte sans cesse

D'avouer à ses parents ce qui le blesse

Cet enfant se fait harceler

Et cela depuis quelques années

Aujourd'hui ces gens se la pète

Car ils croient à tous leurs amis

Mais dis-moi combien sont prêts

Pour venir te sauver la vie

Lui avance avec les siens

Mais au moins eux sont sereins

Arrêtez de venir pleurer

Car tous vos amis vous ont lâchés

Je crois me rappeler qu'il y a des années

Vous étiez en train de vous marrer

Ces moqueries supportées un petit moment

Peuvent conduire une famille à l'enterrement

Du bonheur à l'enfer

Le ciel est bleu

Tout est en couleur

Mais pour eux, tout est noir et sans saveur

Ils ne sont pas heureux

  Pourtant ils ont bien commencé leurs vies

  Ils avaient leurs familles, leurs passions

  Leurs loisirs, ravis en toutes saisons

  Ils avaient plein d'amis et étaient plein de vie

  Leurs enfances étaient heureuses

  Mais l'adolescence leur a joué des tours

D'un seul coup, tout dérape de jour en jour

  Et leur vie devient malencontreuse

  Les brimades, les insultes, les humiliations

  Les coups de poing se mettent en place

  Le harcèlement apparait dans les salles de classes

  Et les frappe comme des canons

Certains tiennent et arrivent à en sortir

Mais tous en sont marqués à jamais

Ils militent pour ne plus qu'il y ait d'harcelés

Avant que les plus fragiles ne viennent à mourir

Le piège

Je ne me suis pas fait taper dessus
Ni même racketter dans la rue
Mon nom de famille est roux
Les insultes ont commencé de partout
Mais je n'osais rien dire
Par peur de me nuire
C'est sur mon physique qu'ils ont continué
À l'époque, j'avais des kilos en trop
La confiance en moi était paumée
Je rentrais le soir chez moi, mal dans ma peau
C'est un régime que j'ai commencé à faire
En me disant que ça les fera taire
J'ai perdu tous mes kilos en trop
Mais peut-être un petit peu trop
Des problèmes de santé ont commencé
Vu que je voulais devenir comme eux
J'ai malheureusement été influencé
À boire de l'alcool et à fumer, c'était dangereux
Au final, je n'ai rien gagné du tout
J'ai même déçu mon entourage
De ramener de l'alcool dans les barrages
Du collège ou j'étais le petit toutou
Une fois parti de ce maudit collège
J'ai réalisé que ce n'était pas moi
J'ai arrêté l'alcool et repris du poids
Mais un peu trop, le piège
Le harcèlement vient à n'importe quel âge
Aujourd'hui, j'essaie de tourner la page

Le geste

Cette histoire commence aux Etats-Unis
Dans une petite ville de Washington
Dans une petite école, se trouve Tori
Une maitresse, une vraie championne

Lors d'une surveillance de la cour de recréation
Elle découvre un des enfants en train de pleurer
Il ne veut plus aller à l'école, ce garçon
Car de sa coupe de cheveux il est moqué

A cause d'une chute, il s'est blessé à la tête
Pour le soigner, il a fallu le raser, car opéré
Mais la repousse est longue, la coiffure incomplète
La différence entre lui et les autres est jugée

Tori n'apprécie pas, il y a une injustice
Elle a alors une idée géniale pour le réintégrer
Elle lui propose alors un service
C'est que ses cheveux soient aussi rasés

L'idée est simple et calculée
Ceux qui riaient de lui, ne peuvent plus que se taire
Car ils devraient aussi d'elle se moquer
Et rire de sa maitresse, n'est pas chose à faire

Cette initiative a redonné le sourire
Et ce garçon a fait des jaloux
Et cette fois, c'est lui qui a pu rire
D'être le seul à accomplir ce geste doux

Vitiligo

Durant mon enfance, les insultes fusaient
Dalmatien, fantôme ou grande brûlée
Voilà quelques unes de ces moqueries
Que je retiendrais toute ma vie
J'ai eu honte de mes tâches
Mes jambes, il fallait que je les cache
La rencontre de personnes comme moi
M'a redonné confiance en moi
C'est chez le tatoueur que j'ai commencé
Ce combat que j'affronte depuis tant d'années
Cela s'appelle Vitiligo
C'est le nom de ma maladie de la peau
C'est aussi le nom de mon tatouage
Sur mon bras, il a été un message
Les gens se posent des questions
Avec ce tatouage, je leur réponds
Maintenant tout le monde adore ce tatouage
Qui a stoppé net ce carnage
Aucun garçon ne voulait m'aborder dans le passé
Aujourd'hui, j'ai fait une croix, et je vais même me marier

Trisomie 21

Elle a passé toute sa scolarité à se faire harceler
Aujourd'hui, elle prend une revanche sur la vie
Elle entame une carrière de mannequin pour changer
Ses cauchemars, la nuit sont désormais finis

Changer le visage de la beauté
Mais aussi lutter contre les préjugés
Lancés sur les réseaux sociaux, pour mener son combat
Elle répond à toutes les questions qu'on lui posera

La trisomie 21 n'est pas contagieuse
Pourtant beaucoup s'écartent d'eux
Ils sont pourtant des êtres humains
Comme nous, ils croient bon à leur destin

Aujourd'hui, elle est fière de son parcours
Les salles de mannequinat, elle en a fait le tour
Quand elle défile sur les podiums
Elle fait toujours son maximum

Plusieurs shootings photo réussis
C'est le début d'un nouveau chapitre
Représenter une association de sa maladie
Elle remporte comme un nouveau titre

Alison

Tout a commencé à l'école primaire
C'est là qu'a débuté mon calvaire
Tu es moche ou tu es grosse
Voilà des insultes de gosses
Pourtant, je me les suis prises en pleine gueule
Après cela, je me sentais comme un peu seule
Je me suis coupé les cheveux en CE2
Mauvaise idée ça a empiré un peu
Je parle de ces insultes qu'on me disait
À aucun moment, on me foutait la paix
Toujours avec la même classe
Pourtant, les années passent
À la fête de mon village
Il y avait plein de scooters
Pas assez belle pour en faire
Ou alors pas du tout à la page
Des garçons de ma classe s'y trouvaient
C'est avec des bleus que chez moi, je rentrais
Quelques temps plus tard, une grande nouvelle
Je déménageais, l'histoire est belle
Fini, ce putain de harcèlement
Qui a duré un petit moment
Je me suis fait quelques amis
Enfin très vite, je les ai fuis
Ils me faisaient rentrer dans leurs histoires
J'aurais pu écrire un roman chez moi le soir
J'ai été tenue par la gorge et frappée
Le surveillant, lui, a juste regardé
Il m'a laissé me faire taper
Apparemment, ça ne l'a pas dérangé

Ma meilleure amie n'était pas aimée
Elle était Mahoraise et donc un peu noire
Elle se faisait souvent critiquer
Vraiment que des gamins, il faut croire

Chemin suivi

Une fille banale, ni laide ni belle
C'est tout ce qu'on sait d'elle
Elle ne parle pas beaucoup
Elle n'est pas dans nos goûts
La raison, elle a des vêtements de truite
Et mis plusieurs jours de suite
Les cheveux parfois sales et gras
Et elle ne se maquille pas
Les ongles sans arrêt rongés
Ça nous dégoûte, fait pitié
Des tics aux lèvres et aux cheveux
Tout cela est très douteux
Toujours à marcher toute seule
On a en a rien à foutre de sa gueule
Les garçons ne l'aiment pas
Cible des moqueries elle deviendra
Toujours au premier rang
C'est une lèche-botte, c'est évident
Elle n'aime pas la triche, le bruit
Ça tombe mal, c'est loin d'être fini
Au fur et à mesure des années
Elle s'est engraissée
Ça, c'est à force de s'empiffrer
Et encore plus grosse que jamais
Toujours besoin d'aide, c'est une bonne a rien
Même pour les choses de demain
Elle est en marge de notre génération
C'est pourtant la base de notre condition
Qu'importe le chemin qu'elle prendra
Nous ne nous suivrons pas

Pendant des mois, elle voulait tenter de s'intégrer
Mais elle n'a rien fait d'autre que de nous coller
Elle n'a pas compris qu'elle gênait et dérangeait ?
Pourtant, on lui montrait que personne ne l'aimait
Et surtout que personne ne la voulait
C'est peut être chaud, mais c'est la vérité
Cette fille c'était moi
Aujourd'hui, la parole est pour moi
Qu'importe les chemins suivis
Je n'ai rien à envier de leurs vies
J'ai une famille qui m'a toujours aimé
Et des amis sur lesquels je peux compter
Mes études, je les ai réussis
J'ai mon bac, un BTS, de sacrés défis
Mon code et mon permis
Je les ai aussi
Et j'ai même une voiture
Avec ça, je peux presque conclure
Le plus grand défi de ma vie
C'était de trouver l'amour aussi
Aujourd'hui c'est chose faite
C'est une revanche parfaite
Cet amour est sincère, sans trou, ni bosse
Et pas par intérêt pour baiser une grosse
Comme l'a dit une fille sur internet
Celle-là m'a bien pris la tête
Voilà, j'ai bien réussi à présent
Et j'ai bien évolué mentalement
J'ai tout ce qu'il faut pour être heureuse
Je compte en profiter, honnête, respectueuse

Dana

Déjà, elle se faisait insulter depuis quelques jours
Par un groupe de cinq ou six, sans détour
« Les arabes, ça pue » c'étaient leurs paroles
Par des jeunes enfants, ça désole
L'école avait organisé un spectacle
Mais pour Dana, l'attendait un obstacle
Du déodorant lui fut aspergé sur tout le corps
Il contenait beaucoup d'alcool, bon marché encore
Elle ne put participer, ce jour-là malchanceux
Car, ses parents craignaient pour ses yeux
Elle n'avait pas le courage de les affronter
Elle ne savait quoi dire ni faire, trop nombreux ils étaient
Pendant 3 ans, ils s'obstinaient à lui dire
De retourner dans son pays, et pour la nuire
Ne cessaient de lui voler des affaires
C'était un enfer
Puis ce fut le pas dans le collège
Fragile et peureuse, elle ne veut pas de piège
Elle rencontre finalement une autre fille
Elle n'est pas comme les autres, elle est gentille
Elle a vécu les mêmes choses similaires
Elles ont trouvée chacune une amie hors-pair
D'autres filles également sont rencontrées
Elles n'ont peur de rien, ne se laissent pas impressionner
Elles décident de suivre leurs traces
Et ne veulent plus subir de menace
Elles ont réussi, ne se laissent plus embêter
Et sont devenues plus proches que jamais
Tout le monde a fait sa vie, chacune a suivi sa voie
Ils ont pris des chemins différents, c'est comme ca

Lana

Elle a subi les mêmes difficultés que sa mère
Elle aussi s'est fait harceler, sans aucune manière
Cela commence par des réflexions sur son poids
Car elle a quelques kilos en trop, pas grave en soi
Nouvelle dans une école, elle espérait se faire des amis
Mais rien ne se passe comme elle l'avait prédit
C'est une enfant précoce et un peu différente
Des troubles du comportement, mais sociable et marrante
Elle commença par refuser d'aller à l'école
Devant les questions de sa mère, aucune parole
Mais Dana réussi à comprendre le pourquoi
Sa fille est traitée de » gros porc », c'est pour ca
Son travail était dénigré, elle-même frappée
Et par tout le groupe, elle est isolée
Dana décida d'en parler à l'équipe éducative
Mais celle-ci ne semble pas très attentive
Car ils disent ne rien avoir remarqué d'alarmant
Que ce ne sont que des broutilles d'enfants
Inquiète pour sa fille, Dana la surveille pendant la récré
Deux fois par semaine, elle va espionner
Elle assiste à des agressions physiques et verbales
Les maitresses sont là, mais personne ne voit au final
Dana alla voir la directrice, elle lui mit les conditions
Si elle ne réagit pas, c'est le rectorat qui aura les explications
Celle-ci s'exécute mais ça ne dure pas longtemps
Les insultes et coups ont repris, pires qu'avant
Victime d'un jeu sexuel, c'est la goutte d'eau
Les mesures prises sont insuffisantes, cerise sur le gâteau
Changée d'école et de région, elle reprend un nouveau

départ
La nouvelle directrice connait son cauchemar
Elle est consciencieuse et connait le phénomène
Tant mieux, elle saura agir sans peine

Elisa

J'avais 6 ans quand tout a commencé
Je n'étais pas violente, ni renfermée
Les câlins, je les cherchais pour tout
Par n'importe qui, n'importe où
A cause d'un jeu d'enfant idiot,
J'étais appelée la contaminée, pas rigolo
Je ne le faisais que dans l'espoir de m'intégrer
Pour ne plus l'être, quelqu'un d'autre devait être touché
En primaire, Je n'avais qu'une seule amie
Mais à notre arrivée au collège c'était fini
Elle m'a laissé tomber, pour ne pas devenir comme moi
Devenue encore plus seule, ce n'était pas la joie
Je pensais qu'avec le temps, aux dires de mon père
Les autres deviendraient plus matures, mais au contraire
Ça n'a pas été le cas, et j'ai commencé une dépression
Je n'avais plus qu'un visage terne, sans expression
Je ne voulais pas montrer ma douleur
Ça leur ferait trop plaisir, catégoriquement non
Tous les soirs, pas la force de travailler pour l'école
Je pleure tout le temps, je me désole
A la pause de midi, c'était devenu l'enfer
Tout le monde se jetait sur moi, encore un jeu pervers
J'étais à terre, des dizaines d'enfants sur moi
J'avais mal partout, c'était devenu leur loi
Un autre a tenté de se frotter contre mon corps
Je l'ai frappé, son geste me déshonore
Cachée dans un coin, je vois des jeunes arriver
Ils me lancent tout qu'ils peuvent trouver
Au départ, je demandais de l'aide aux adultes
Pour la forme, ils réagissaient, sans réel but

Un jour, c'était la demande de trop, pourtant justifiée
Ils ne sont plus intervenus, m'ont dit de me débrouiller
La directrice me reprochait mon manque d'intégration
Les autres m'insultaient car je n'allais pas les voir, non
Une seule prof m'a défendue face à toutes ces misères
Après avoir vu un élève me gifler, mes lunettes voler
Deux heures de colles mises, pour elle, c'était mérité
Elle a tenté de me faire parler de mes soucis
Mais aucunes paroles ne sont sorties
Je n'ai même pas réussi à la remercier
Pendant 4 ans, elle n'a jamais laissé tomber
C'était la lueur d'espoir qui m'a permis de rester en vie
Sans elle, je pense que la vie, j'en aurai fini
Tous les ans, je lui offrais un bouquet de fleur du jardin
Pour elle, ce n'était peut-être rien
Je ne lui disais pas pourquoi
Mais c'était pour la remercier pour tout ça

Elodie

Quand cela s'est passé à mes quinze ans
Ce n'était pas un rêve, mais un vécu réel
Aujourd'hui à mes seize ans j'en garde des séquelles
Je n'ai tenu qu'une semaine sans le dire à mes parents
La confiance en moi avait disparu
J'étais vraiment comme perdue
Mes notes avaient, elles, dégringolées
Depuis j'étais désespérée
J'en ai parlé à mes parents en pleurant
Ma prof avait été appelée par ma maman
Toutes les deux, elles se sont expliquées
Mes harceleuses devaient parler de ce qui s'était passé
Les heures devaient tomber
Mais rien ne s'est vraiment passé
Les filles disaient que je mentais
Pendant deux mois, j'étais seule, abandonnée
Les profs laissaient couler
Les filles, elles, rigolaient
Cinq d'entre elles pour se moquer
Trois derrière elles pour appuyer
Va te suicider est le mot qu'on me répétait
Et cela, tous les jours sans arrêt
Je ne mangeais plus
Et je dormais plus non plus
Mon médecin m'avait fait un certificat médical
Au fond de moi, j'étais trop mal
Je me faisais vomir tous les jours
Sale grosse, je l'entendais toujours
Tu ne vas plus en cours me disait ma mère
Elle me sortait là d'une grosse misère

J'ai été mis par mes parents en école privée
Moi, j'espérais ne plus revivre la même chose cette année
Au mois de février, je vais aller témoigner
En espérant que tout cela va cesser
Une séance va parler du harcèlement
Ça commence à être pris en charge et heureusement

Eloise

C'est en quatrième dans une école privée
Que pour moi tout à vraiment commencé
C'était dans une école catholique
Mais je ne manquais pas aux critiques
Beaucoup d'élèves avaient des parents médecins
Classe moyenne, c'est là où se situaient les miens
Beaucoup de moqueries sur ma tenue vestimentaire
J'ai dû me renfermer sur moi-même
Cela se ressentais sur mes résultats scolaires
Je me confrontais à un dilemme
Mes parents travaillaient énormément
Des amis, j'en avais pas tellement
Certains profs me rabaissaient aussi
Je n'ai pas vraiment appris
Ma mère l'a quand même remarquée
Elle s'en est tout de suite occupée
Elle m'a emmenée chez le docteur
Il m'a prescrit des antidépresseurs
J'arrivai inconsciemment à me rendre malade
Pour éviter ces filles, ne pas tomber dans l'embuscade
J'ai voulu en finir un jour avec des médicaments
Me laisser mourir tranquillement
Cela m'a endormie un certain temps
Ma mère a compris à ce moment
Qu'elle aurais pu me perdre définitivement
Elle en a eu peur vraiment
Ma mère à beaucoup culpabilisée
D'avoir beaucoup travailler
Et de n'avoir rien vu
De toutes ces choses, contre lesquelles je me suis battue

J'ai appris quelques années plus tard
Que dans ce même établissement
A force d'être moqué il en a eu marre
Il a mis fin à ces jours définitivement
Les crachats sur moi ou mon sac vidé
J'en étais devenue habituée
Pourtant avec un cadenas il était fermé
Mais ouvert après avoir été forcé
Maintenant je garde cette partie de ma vie en moi
je veille à ce que mes enfants ne subissent pas la même chose que moi
Imaginez-vous si je m'étais suicidée
Je n'aurais pas pu vivre ce conte de fée
Celui qu'on attend tous impatiemment
Ce rêve de devenir un jour parent

Jeudi 23 septembre

C'est en seconde que l'enfer a commencé
Lors d'une rentrée banale au lycée
Une classe au premier abord sympa
Un rêve de commencer l'année comme cela
Un début d'année sous le signe de la sympathie
Mais c'est un cauchemar que va devenir ma vie
Les cours venaient tout juste de démarrer
Mais les insultes ont commencé à s'enchaîner
Les coups sont venus s'ajouter aux insultes
Grosse vache, petite conne sont devenus un rituel quotidien
Je savais à quoi m'attendre en me levant tous les matins
C'était en sport un jeudi après - midi
Je pensais que j'allais perdre ma vie
Je me rappelle de m'être retrouvée cognée
Les claques et les coups-de-poing pleuvaient
Rien, mais vraiment rien ne les arrêtait
Puis ce fut au tour des humiliations
Rien de plus marrant pour les garçons
C'était le fils d'un prof du lycée
Qui était le meneur de ces détraqués
Des photos de moi ont été affichées
De moi après mon accident de vélo dans tout le lycée
Les profs, eux ont vraiment tout vu
Mais aucun d'eux ne m'a défendue
Personne ne pensait à la douleur que je ressentais
J'étais au bord du suicide, mais personne ne l'a remarqué
Je vivais un enfer muet
Un harcèlement qui avait trop duré
Je n'ai jamais pu en parler

C'est silencieuse face à cela que je suis restée
Comment aurais-je pu me remettre de cela ?
Quand même les profs n'agissaient pas
J'ai toujours les larmes aux yeux en y repensant
C'est beaucoup trop dur à supporter à présent
Ces plaies qui sont encore béantes
Et ces cicatrices encore brûlantes
Je vis dans le doute de revivre ce rejet
C'est beaucoup trop dur à supporter à présent
Je fais la folle pour que personne ne remarque
Ce que je cache derrière cette carapace
Arriverais-je à refaire confiance ?
Plus personne ne m'approche à cause de cette peur immense
Mes parents n'avaient conscience de rien
Mais je ne leur reproche rien

Justine

A l'âge de 11 ans, changement de vie
Déménagement a la campagne, sans préavis
Mais rien ne s'est passé comme prévu
Je n'aurais pas imaginé ce que je serais devenue
Je ne demandais qu'à m'intégrer
Mais toutes mes tentatives ont échouées
Je pensais m'être fait quelques amis
Je me suis trompée, envers moi, que du mépris
La descente aux enfers a commencé
Sur mes vêtements, mon physique, on me jugeait
J'étais toujours rejetée et mise à l'écart
Les activités, les équipes, toujours mise au hasard
Par peur des moqueries, j'évitai de participer
A ce moment-là, j'ai commencé à me renfermer
Aux adultes, j'ai demandé de l'aide, du secours
On m'a dit que c'était ma faute, sans détour
Pour eux, j'avais un problème, je dois être aidée
Seule face à mes douleurs, je me suis retrouvée
Personne ne me comprenait, j'étais dans une dimension
La douleur m'a fait perdre la raison
J'ai accumulé les mauvaises actions
Conséquences de ces mauvaises conditions
J'ai trainé, volé dans les magasins
Je suis devenue violente, je n'étais pas bien
J'ai changée et grandi trop vite à cause de cela
Je voulais trouver un sens à ma vie, juste ça
Un sens que personne n'a jamais su voir
J'avais un sourire et un fort caractère, une échappatoire
Le CM2 avait été un enfer, la 6ème un arrêt de mort
Je ne pensais pas aller plus mal encore

Mais j'ai malheureusement eu des idées noires
Pour moi, il n'y avait plus d'espoir
Le collège symbolisait le mal et la souffrance
Plus rien ne me rappelait a la délivrance
Les autres me crachaient dessus, me jetaient des objets
Et les adultes, devant ça, restaient figés
C'était pourtant du harcèlement
Pour eux, des chamailleries d'enfants
Aujourd'hui, je suis anorexique, sans avenir
Plus confiance en la vie, en moi, c'est dur à dire
Je reste chez moi, seule, dans le noir
J'ai quitté l'école, en elle, je ne pouvais plus y croire
Sans emploi et toujours chez mes parents
Mais une chose de positive à présent
J'ai rencontré ma femme, elle a su me faire revenir
Mes tentatives de suicides, j'ai décidé d'en finir
Je me libère aussi grâce à l'écriture
Le rap, j'y mets ma haine, pour raconter mes mésaventures

Ludivine

En cinquième, j'ai été victime de harcèlement
J'étais âgée de seulement douze ans
Tout allait bien jusqu'à un déménagement
Celui où j'ai cru assister à mon enterrement
Nous avons déménagé dans une petite campagne
Il ne manquait plus qu'à ouvrir le champagne
Mais le collège va devenir un lieu hanté
Où je ne voulais plus y mettre les pieds
Je zozote, voilà ma différence
Mais vraiment quelle importance ?
En début d'année, je remarquais
Que c'est à l'écart que les autres me laissaient
Sid était le prénom qu'on me donnait
C'était le paresseux dans l'âge de glace
Que tout le monde connaît
Mais c'est à cette moquerie que j'ai dû faire face
Tu n'as pas d'ami ? Alors vire de notre chemin
C'est ce que j'entendais au quotidien
Il y a eu des insultes vraiment pires
Mais je vais me retenir de les dire
Je vais bien, c'est ce que je disais
Pour ne pas vraiment en parler
J'avais besoin qu'on me sorte de là
Mais le silence a été plus fort sur ce coup là
Je me cachais aux toilettes, enfermée à clé
Pendant les récréations, où de peur, je tremblais
La permanence n'était pas mon lieu adoré
Aucun endroit du collège d'ailleurs ne l'était
Une trentaine d'élèves étaient sur moi
M'insulter, me critiquer voire me frapper

Je dégageais deux trois insultes, mais rien n'y fait
Ce sont bien eux qui sont devenus les reines et rois
C'est aux toilettes que je me suis réfugiée
Je pleurais à la limite de m'en étouffer
Je me suis mutilée jusqu'à en saigner
Ce qui se passait était trop dur à supporter
On a été jusqu'à me dire
Que j'entendais des voix m'insulter
Je crois que là, c'était le pire
C'était pour une parano que je passais
Je suis rentrée chez moi un peu tôt
Il n'y avait vraiment personne
J'ai pris une feuille et un stylo
J'écrivais ma lettre d'adieu, avec les sanglots qui résonnent
Pas assez de force pour mettre fin à mes jours
En essayant de m'étrangler sous la douche
Ma sœur a vu les taches de sang séchées sur mes vêtements
Je lui ai répondu que c'était rien d'important
Plusieurs jours après, c'est des foulards qu'on me ramenait
On me disait "allez, va te pendre "
Tout ce qu'il ne fallait pas entendre
J'étais à deux doigts de m'exécuter
Comme d'habitude personne ne voyait rien
Enfin, c'est ce qui faisait croire, je sais bien
Une fille a vu, mon bras
Elle l'a dit aux harceleurs
Devant moi, ils sont venus à grand pas
J'avais vraiment peur
Je vais le dire à ta mère, c'est ce qu'ils me disait

C'est plus que nous, qu'elle va te frapper
Et vu qu'elle ne t'aime pas
C'est en psychiatrie qu'elle t'enverra
J'avais peur d'être séparée de ma famille
Ils ont vraiment tapé dans le mille
Ma sœur sait tout maintenant
Un harceleur a eu, son numéro pour lui dire tout
Moi, je n'étais pas au courant du tout
En pleine nuit, elle est venue me réveiller
C'est mes bras que je devais lui montrer
Elle s'est mise à pleurer
Je lui ai supplié de ne rien dévoiler
J'avais peur que ma mère soit au courant
Et qu'elle voit mes larmes limite de sang
Les choses se sont calmées
Quand ma sœur a été voir les harceleurs pour parler
J'ai vraiment eu la chance d'avoir une sœur ainée
Qui m'a tant aidée
Ma mère a su, ce qui s'était passé, deux ans après
C'est de la haine et des regrets qu'elle avait
Elle pensait qu'elle n'était pas une bonne mère
Mais au final, c'était une très bonne mère, c'est clair

Emeline

Un accident au niveau de mes dents
Etait la cause de mon harcèlement
J'étais contente d'être dans cet établissement
Mais cela n'a duré qu'un petit moment
Un jeune que je ne connaissais pas
Pour m'insulter, il est venu vers moi
Pourtant on ne se fréquentait pas
Mais il s'est pris pour un roi
Il s'est moqué de mes dents de castor
Autour de lui, les autres en rient encore
A leurs yeux, un monstre j'étais devenue
A force, moi-même je l'ai cru
Mes comptes de réseaux sociaux étaient partagés
Mais simplement pour pouvoir m'insulter
Sur un site de rencontre anonyme
J'étais devenue une victime
Va te pendre, va te suicider
Tu n'es qu'un déchet de la société
Ce sont les menaces que j'ai reçues
Ma confiance en moi, je l'avais perdue
Je n'ai rien dit à mes parents par honte
Alors je me suis dit, j'affronte
J'avais peur des représailles si je parlais
Ça aurait été pire que jamais
Les surveillants passaient sans rien dire
Ça devenait de pire en pire
Même les profs commençaient à s'y mettre
J'étais dans un total mal-être
Le harcèlement me provoquait des crises de

boulimie
Que je ne garderais pas à vie
Avoir mal physiquement
Me faisais sentir mieux mentalement
C'est pour cela que je me scarifiais
Ces blessures, personne ne s'en ai douté
Mais un jour m'a mère l'a remarqué
Elle m'a tout de suite grondée
Agoraphobe c'est ce que j'étais devenue
Mais cette phobie, je l'ai combattue
Même si ces histoires
Sont gravées dans ma mémoire
Aujourd'hui je me sens mieux
J'ai trouvé mon amoureux

Marie

Elle s'appelle Marie, elle a 16 ans,
Elle a été harcelée pendant très longtemps
D'abord par des professeurs
Ensuite par les élèves, petites terreurs
Sa confiance a été brisée
Toujours insultée, menacée, humiliée
Autant physiquement que verbalement
Pire chaque jour, avec le temps
Une seule amie pour s'entraider
Victime elle aussi, isolée
Elles sont devenues les souffre-douleurs
Considérées comme inférieures
Dans les groupes de classe, en toutes matières
Jamais acceptées par ces vipères
Elle fait toute seule les exposés
Les vacances sont là, elle peut souffler
La trêve est de courte durée
Car tout reprend, bien pire que jamais
Dans certains cours, il n'y a plus de travail
Rien ne peut la remettre sur les rails
Sa mère avertie, elles sont allées en parler
Au professeur principal et à la déléguée
Mais ça s'est encore retourné contre elle
Cela a renforcé tout le conflictuel
Cette fois-ci elle est menacée de coups
Par un groupe qui s'est donné rendez-vous
Protégée par des professeurs
Entre eux et les élèves, des heurts
Au lycée, elle ne veut plus y aller
Elle a peur des autres, elle en tremblait

Surtout depuis le conseil donné
Qu'elle ferait mieux de se suicider
Seule sa famille et sa passion la font tenir
Mais à bout, elle a pensé à en finir
Un rendez-vous médical l'a mise sur la voie
Elle était en dépression, en plein désarroi
Elle n'est pas retournée en cours
Un suivi psychologique était d'un grand secours
Elle a poussé la porte de la gendarmerie
Pour porter plainte, diffamation définie
Réparation obtenue mais toujours mal
Elle retourne au lycée, c'est vital
Par les professeurs toujours épaulée
Les autres doivent réaliser ce qu'ils ont fait

L'Amour tué

Je rencontre une fille et tombe amoureuse
Je sors maintenant avec, je suis heureuse
Insouciantes nous décidons de montrer notre amour
Qui aura des répercussions un jour
Le harcèlement scolaire commença
Dans aucune classe il ne se terminera
Les insultes, les coups sont devenus quotidiens
Les urgences, deux fois elle s'y retrouva mal en point
Les enfants ne s'y privaient pas, pourtant c'était mal
Mais pour leurs parents, tout était normal
Même chose du côté des enseignants
Ils devaient le savoir pourtant
4 mois plus tard, Charlène était seule à la maison
Des jeunes sont venus, elle connaissait la chanson
Elle appela sa mère à son travail pour la faire rentrer
En arrivant, par la bande, celle-ci fut agressée
Charlène me téléphona, me raconta tout
Elle était en stress, n'allais pas bien du tout
Je décidai d'aller la voir, en urgence car inquiète
Je sentais qu'une bêtise germait dans sa tête
J'avais à peine sonné que j'entendis une détonation
C'était Charlène qui avait choisi sa libération
Elle a mis fin à sa vie, tout simplement
Ce n'était qu'une jeune fille de 12 ans

Oiseau de pluie

Cela fait de nombreuses années
Que le harcèlement scolaire a débuté
Je souffrais de mutisme sélectif
Moi qui ne demandais qu'à être actif
La fille qui ne sait pas parler
Voilà mon surnom dès la rentrée
J'étais insultée voire même violentée
Aucun jour ne passa sans être traitée
M'enfermer dans les toilettes de la cour
C'était pour moi mon seul recours
Pour échapper à mes harceleurs
Qui n'étaient que des mecs sans valeurs
Attendue avec un couteau à la sortie
Voilà une des menaces que l'on m'a sortie
La poubelle était mon lieu d'habitation
Enfin pour eux, car moi, j'habitais une maison
On me volait souvent mes affaires
Pareil avec ma nourriture de la cantine scolaire
Aucun soutien de mes parents
N'étant pas au courant de mon harcèlement
Psychologiquement, j'étais de surcroît harcelée
Par mon père qui n'arrêtait pas de m'humilier
En quatrième, le harcèlement a cessé
Moi qui étais habituée à être moquée et frappée
Être insultée et violentée était devenu normal pour moi
Mes nouveaux camarades avaient plus de maturité, je crois
On aurait pu penser que le harcèlement était terminé
Vu que plus personne ne se moquait de moi ou me frappait

La dépendance affective a été mon combat
Et c'est contre ça que, maintenant, je me bats
Le harcèlement a des conséquences
Ce n'est pourtant pas toujours ce qu'on pense
Une de mes profs me montrait de l'attention
Attaché à elle, je suis tombé dans la mutilation
Un rejet de moi fatal de sa part
Une attention que je trouvais nulle part
Trois mois à l'hôpital a été mon affaire
À la suite de plusieurs envies suicidaires
Cette dame n'est plus ma prof depuis 5 ans
Moi qui aujourd'hui en a 21 ans
Cette prof m'avait tellement rejetée
Que j'avais décidé d'avaler 29 comprimés
J'ai terminé dans un hôpital, internée
Ça m'a détruit tout mon passé
Plus d'études ni même de boulot
Je suis au pied du mur, en mille morceaux

Le bouc émissaire

J'ai été désignée pour jouer les poupées
Coiffure, maquillage et habillage était l'atelier
Pour être mieux perçue et acceptée
Je me suis dit que c'était une bonne idée
Même si ce n'était pas mon envie première
Par peur d'être leur bouc émissaire
Ils m'ont coiffée, habillée et maquillée
Mais comme aurait pu l'être une prostituée
Lorsque mon père est venu me chercher
J'ai été parcouru d'un sentiment, de honte indescriptible
A mes parents je leur ai dit ce qui c'était passé
Ils ne m'ont pas crue, pour eux, c'était impossible
En maths nous choisissions nos places
On les conservait pour le reste de l'année
Mais avec ma copine on a trop bavardé
La prof m'a placée au fond de la classe
Mais il y avait là, mes harceleuses
Je n'étais pas la plus heureuse
Changer de place, c'est ce que j'ai demandé
La prof a pu me faire monter d'une ou deux rangées
Mais cela n'a eu aucun effet
Sur ce que je subissais
Ta gueule est le mot que j'ai lancé
A une fille qui était proche de la fille de mon mal
Elle s'est levée, outrée
Je ne devais en aucun cas lui parler mal
C'est donc mes yeux que j'ai baissés
Par peur d'être attendue à la sortie
Mais cela m'a quand même libérée

C'est peu par rapport à ce que je vis
J'ai aussi eu l'idée de me scarifier
Pour que mon mal-être soit envolé
C'est tout ce que j'ai pu trouver
Car l'écriture n'était plus assez
Les crises de spasmophilie devinrent quotidiennes
Une tendinite à la jambe est ce que j'ai pu me faire
Mais les cours il fallait que je les reprenne
Alors, j'avais besoin, pour quelques temps, d'être aidée
Le soutien fit le bonheur des autres enfants
Essayer de me faire trébucher, tomber dans les escaliers
Etait pour eux vraiment un jeu marrant
Mais bon heureusement pas besoin d'appeler les pompiers
J'ai tenté deux fois de me suicider
Mes parents ne l'ont pas su
J'ai voulu en parler au téléphone à ma sœur ainée
Elle m'a dit des choses qui ne m'ont pas vraiment plu
Heureusement certains vrais amis étaient la
Pour ne pas que je fasse un mauvais pas
Mon téléphone avait été donné
Par une amie, enfin, c'est ce que j'avais pensé
Chaudasse, fille facile qui sans problème suçait
Voilà ce que des garçons m'envoyaient.

Sophie

Tout cela a débuté en primaire
Ce jour où j'ai dû commencer à me taire
J'étais une enfant très bien élevée
Sans confiance et aussi réservée
Le harcèlement sexuel a été de la partie
Ces images resteront en moi à vie
Leurs sexes étaient montrés devant moi
Sans qu'aucune personne ne le voit
L'école était à côté de la forêt
Et c'est dans la boue que j'ai été jetée
Insultée et menacée sur mon physique
Cela est devenu dans le temps un classique
Au collège les insultes montaient en grade
Quant à mes notes elles se dégradent
Je restais forte grâce à ma passion
Chaque semaine, direction l'équitation
Très douée je faisais des concours
Cela a suscité des jalousies dans la cour
Dans ma bulle j'étais protégée
C'est mon ami Mika qui m'a sauvée
Souvent on se foutait de ma gueule
Du coup je préférais rester seule
Jusqu'à la fin du collège j'ai tenu
Mais il faut dire que je me suis battue
Un accident de cheval me priva d'équitation
C'est cela qui me poussa à la dépression
Désespérée j'ai décidée d'en finir
La psychiatrie j'ai eu du mal à en sortir
Une phobie sociale s'est installée
Du coup j'ai arrêté en seconde BEP

Le théâtre m'a redonné goût à la vie
C'est grâce à ça que je vais mieux aujourd'hui
J'ai eu mon DAEU* avec mention bien
Une victoire pour moi ce n'est pas rien
Mes amis et ma mère sont tout pour moi
Ce sont eux qui m'ont aidée dans ce combat
Beaucoup n'ont pas vraiment grandi
C'est ma revanche, car moi j'ai réussi

* Equivalent du BAC à l'université

Sylvain

J'ai été élevé par ma tendre mère
Malheureusement, je ne connais pas mon père
A l'école, j'étais, on va dire, mal habillé
C'est de ça que le harcèlement scolaire a débuté
On m'a demandé de me présenter
Question banale, je réponds avec grand sourire
C'était sans attendre ce qui allait m'arriver
Sur mon nom c'est des vannes que l'on me lançait
Ma mère n'avait pas trop de moyens financiers
J'avais une coupe au bol
Et vraiment pas de bol
En dehors de l'école on me cherchait de tous les côtés
C'était simplement pour me frapper
Au collège je prenais des coups par des grands
Je voulais que ça s'arrête maintenant
On me jetait toujours dans les graviers
Ma mère le soir me demandait ce qui m'était arrivé
J'avais peur de lui dire la vérité
Alors je lui mentais
Je n'arrivais pas à me nourrir normalement
Arbalète était devenu mon surnom depuis ce temps
Un soir mon beau-père m'a suivi en pleine journée
Mais moi je le savais pas, j'étais choqué
Il m'a dit la prochaine fois qu'on te fait ça
Tu leur dit plus jamais ça
C'est ce que j'ai fait quelques jours plus tard
Mon beau-père, lui, lance des regards
Je leur ai dit si vous me touchez
Vous allez le regretter
Ils ont hésité

Puis se sont arrêtés
Tu as pris assez de coups m'ont-t-ils dit
On va s'en prendre à quelqu'un d'autre
Interminable manège je me suis dit
Y'a-t-il vraiment une personne en faute
Ces harceleurs m'ont frappé à coup de massue
Mais je parlais de ces harcelés
Qui n'ont vraiment rien demandé
Ces détraqués m'ont vraiment déchu
Je me pose une question
Qui reste toujours une interrogation
Qu'est ce qui m'a retenu de me suicider ?
Peut-être l'amour que ma mère m'a porté
En tout cas, tout s'est terminé à l'âge de mes 15 ans
Chaque jour est un combat, où je milite contre le harcèlement
Je suis président d'une association *
Mon but est de faire de la prévention

* Association Joue Pas Avec Ma Vie

Spirale infernale

Dès le début en sixième, Baptême dans les toilettes
Dans l'eau on a plongé ma tête
Sauf que le prêtre s'appelait Jean
Il était populaire et grand
Moi j'étais le petit gros du fond de la classe
Dans cette école, je ne trouvais pas ma place
Les filles me pointaient du doigt en riant
Car en sport j'étais toujours dernier, en essoufflement
Faut dire que j'ai toujours bien aimé manger
La nourriture était le seul plaisir qui me réconfortait
Je voyais tous les gens de ma classe s'embrasser
Et moi c'était mes sandwiches qui me tenaient lieu de fiancées
Cela peut paraître ridicule dit comme ça
Mais la spirale infernale ne s'arrêtait pas
Alors du coup j'étais en surpoids
Je n'avais plus aucune confiance en moi
Mon adolescence est devenue un enfer
De là, j'ai perdu un peu tous mes repères
C'est de mes bourrelets que les gens étaient dégoûtés
Plus ils me haïssaient, plus je mangeais
En pleurant le plus souvent
Les larmes dans mon mac Fleury c'est assez dégoûtant
Je me souviens de ce Jean
Il est resté dans ma classe pendant trois ans
J'ai changé de classe en 3ème à cause de lui
Mais trop tard la mauvaise image a suivi
J'ai hérité de tous les surnoms possibles et imaginables
Du classique "gros lard «, à big mac l'incontournable
Au début il n'y avait que ce Jean qui m'appelait ainsi

Peu à peu, il n'était plus le seul, cela a envahi les esprits
Je pense que ceux qui sont victimes d'harcèlement
Ont plus de mal à s'en sortir que d'autres enfants
J'étais un mauvais élève ? Ça c'est faux !
Je me trouvais toujours entre les cancres et les intellos
Je pensais au moins trouver du réconfort avec mes professeurs
Mais ce n'était pas le cas avec tous, pour mon malheur
A cause d'un prof de cinquième
Je me suis renfermé sur moi-même
Des pointes de compas arrivaient dans mon dos
En rentrant chez moi, j'ai vu des trous dans mon dos
En faisant ça, ils pensaient que j'allais dégonfler comme un ballon
J'aurais été plus fort mentalement, je leurs aurais donné une leçon
J'avais envie de maigrir,
Je sortais de chez moi pour courir.
On me poussait dans les escaliers
A la sortie on me frappait
Sur moi on crachait
Les filles, elles, se moquaient
Tout ça était un jeu pour eux
Je ne voulais plus jouer à ce jeu
Tout s'est calmé quand j'ai déménagé
Ma vie à pris un tournant, elle s'est apaisée
Mais ces années de collège resterons gravées
Mes parents ne s'en sont jamais doutés

Un témoin

Il y a à peu près trois ans
Ma meilleure amie et moi étions embêtées moralement
Au début ça me touchait
Mais après j'ai commencé à ignorer
Je m'en suis sortie grâce à cela
Ma meilleure amie elle, ça ne sera pas le cas
On se faisait brimer
Car c'est un autre monde qu'on voyait
Des autres, nous étions différentes
Mais à deux, nous devions remonter la pente
On n'avait pas peur de montrer qui nous étions
Les gens qui nous brimadais n'avaient aucune éducation
Nos livres étaient complètement déchirés
Nos cahiers de dessins, de nos mains était arrachés
On était trop gentilles pour aller protester
Déjà qu'on n'était pas trop aimées
De mon amie, plus de nouvelles après avoir déménagé
Jusqu'à ce que je l'ai recontacté un été
Elle n'a pas réussi comme moi, à trouver la paix
Alors elle à commencer à se scarifiée
Elle s'est même faite physiquement violenter
Mais je n'ai pas pu être là pour l'aider
Je culpabilise d'être partie parfois
De l'avoir laissée derrière moi
J'ai l'impression que c'est de ma faute
Si elle est aussi faible face aux autres

Famille Harcelée

C'est au CM2 que tout a commencé
Dilan va passer une agréable année
Enfin c'était sans compter sur Adrianna
Il tomba amoureux, les sentiments sont là
Mais cela ne va pas être très réciproque
Dilan va tomber sous le choc
Elle profitera bien gentiment de lui
Sans rien vouloir dire, il obéit
Mais un jour c'est la rébellion
Il lui stoppera net toutes ses façons
Pour se venger, elle monte les autres contre lui
Il perdra un à un certains amis
Les amis qui restaient de son côté
Etaient devenus un peu des pestiférés
Elle a tenté également d'y rallier Océane
Celle-ci a refusé, c'est la sœur de Dilan
Il vivait très mal cette situation
Celui-ci a même subi des tentations
De la fenêtre de sa chambre, il voulait sauter
De justesse, son père l'a rattrapé
Ses parents et lui ont dû se parler
L'histoire doit être vite réglée
C'est à son école, que sa mère se rend en colère
Avec la maîtresse, elle veut régler l'affaire
Celle-ci dit n'avoir pas remarqué la situation
Mais que désormais, elle fera plus attention
La mère de Dilan a dû le rassurer
Lui qui à l'école ne veut plus retourner
Il y va mais va le regretter
Car les filles du clan l'y attendaient

C'est en état de nerfs
Qu'il retourne voir sa mère
Fait quelque chose maman
Voilà ce qu'il lui dit en pleurant
La mère veut voir Roxanne et Adriana
Mais la maitresse l'en empêcha
La maman était tellement énervée
Que la maitresse en a bégayé
Elle voulait qu'elle s'en aille
Alors la mère répondit faites votre travail !
Elle dit à son fils de se défendre si besoin
Le soir, elle le récupéra bien
Le clan s'était calmé
Mais cela n'a pas duré
Quelques jours plus tard, c'est reparti
Un livre et une cartouche d'encre arrivent sur lui
Toujours des excuses de la maîtresse
Devant des parents en détresse
Un beau jour, c'est sortie au ski
Dilan, aujourd'hui, n'a pas de souci
Mais sa sœur fait les frais du harcèlement
Toujours à cause d'Adrianna malheureusement
Un bâton de ski atterri dans sa côte
Toujours la même fille qui est en faute
La mère d'Océane dit que c'est la dernière fois
Sinon elle portera plainte la prochaine fois
Dilan est resté enfermé chez lui depuis
Jusqu'au jour où la vie lui sourit
Un jeune Enzo vient le chercher
Pour lui changer un peu les idées
Il sera considéré comme un grand frère
Enfin une personne exemplaire

Un enfant à retrouver la joie de vivre
Il a laissé derrière lui, un passé qui l'a fait souffrir
Lohan, Morgane et Aurélie ne sont pas oubliées
Ces jeunes avec qui Dilan sortait sans anxiété
Roxanne une des harceleuses s'est excusée
Elle s'était faite tout simplement manipuler
Dilan lui a pardonné
Mais c'est sur ses gardes qu'il est resté

Céline

La tolérance n'a pas été respectée dans mon école
Ces jeunes-là auraient eu besoin de quelques heures de colle
J'étais assez grande mais sans vraiment de défense
J'aurais préféré qu'ils passent, ne voient pas mes différences
Pleins d'insultes sur moi ont été sorties
De la girafe à la tête de souris
Cela ne m'a pas pourrie la vie
J'arrivais à dormir la nuit
Un jour en passant avec ma tête de rongeur
J'ai regardé les petits branleurs
D'un air naturel et avec le sourire
Je leur ai dit « merci du compliment c'est gentil »
Ces jeunes ne savaient plus vraiment quoi dire
Ils étaient un peu comme abasourdis
Eté 1994 nous avons déménagé
Dans une ville presque à côté
A un an près ça ne m'aurait causé aucun problème
Mais c'est dans un nouveau collège, que je dois effectuer ma troisième
Le jour de la rentrée
A ma déception s'ajoute l'anxiété
Intégrer une classe qui se connait déjà
Il va falloir que je fasse un grand pas
Dans la cour les élèves sont appelés
Les classes se forment pour commencer
Mais je n'ai jamais entendu mon nom
Je reste seule avec les surveillants
On me choisit une classe en m'y accompagnant

Mais il faut avouer que ça ne sera pas la meilleure solution
Le soir je rentre chez moi déprimée
Le matin je pars au collège angoissée
Les cours de sport étaient pour moi une libération
Il y règne une liberté d'expression
N'ayant aucune répartie
Face à toutes ces moqueries
Un mal être s'installe et je suis angoissée
Le soir mon beau-père le remarque
« si ça continue j'appelle les pompiers »
Quelque part je souhaite pour vider mon sac
Ou juste pour sécher les cours
Pour ne plus revoir cette cour
Tout ça s'est terminé à la fin du collège
Enfin c'est la fin de ce manège
Mon petit frère, 11 ans mon cadet
N'a pas non plus été épargné
Mais ça je ne le savais pas
Au bout de quelques années, la vérité éclatera
Juste avant de déménager dans une autre région
J'apprendrais une révélation
Pourtant quand je lui demandais si l'école allait
C'est toujours en positif qu'il me répondait
Lui aussi a vécu le harcèlement scolaire
Pire que des moqueries, il a vécu l'enfer
Je culpabilise beaucoup en apprenant ca
Je cherche des groupes de paroles, ça ne vient pas
Comment n'ai-je pas vu que mon frère souffrait ?
Comment n'ai-je pas vu que ce sale gosse le détruisait ?
Je suis sur deux sentiments différents
Cette révélation a ouvert des blessures naturellement

Mais nous a aussi rapprochés,
Bien que vécu chacun de notre côté
Mes blessures d'enfants ont laissés des traces indélébiles
Mais vivre ce genre de choses n'est parfois pas inutile
Car après avoir été meurtris, on vit plus sincèrement
Avec plus d'émotions et avec un cœur plus grand
Ce qui n'est pas forcément le cas de ces harceleurs
Qui oublient de vivre et de réfléchir avec le cœur
Sa confiance en lui a été brisée, son équilibre ébranlé,
Son âme touchée, car son petit corps d'enfant a été abusé
Le partage d'épreuves difficiles que l'on a vécu chacun de notre côté
A renforcé nos liens, et nos sentiments sont plus partagés.

Pour certains enfants, la douleur est trop intense.
Le choix de mettre fin à leur vie semble alors, pour eux,
la seule solution pour retrouver une paix intérieure.
Les poèmes suivants sont particulièrement dédiés à ces
anges.

Matteo

Il a été victime de brimades et de coups
Pendant pratiquement deux années
Cela vient du fait qu'il était roux
En 2013, il s'est pendu, c'était le huit février
Les roux, on les brûle en enfer
Ton père, il a la bite rouillée
Cela entendu toute la journée
À ne plus savoir quoi faire
Pris de dispositions pour la cinquième
Elle se passera sans problèmes
Mais c'est en quatrième que cela recommencera
Avec une violence qui s'endurcira
Cinq jeunes dans le couloir l'ont attrapé
Un coup dans la tempe, c'est ce qu'il s'est pris
C'est à l'hôpital qu'il a malheureusement terminé
Un traumatisme crânien est le verdict qu'il a appris
Ses cheveux, il les cachait par un bonnet
Les autres s'amusaient à lui enlever
Il en avait tellement marre qu'il s'est énervé
Et cela a commencé à dégénérer
La barre à traction de son père, il l'a utilisé
Mais malheureusement pas pour se défouler
Un banc était placé juste à côté
Avec un foulard, il s'est suicidé

Axel

J'ai quelque chose d'important à te dire
Même si j'ai un peu peur que tu me vires
Je parle de ta liste d'amis ou de ta vie
Mais j'en fais des cauchemars toute la nuit
Tu es mon meilleur ami pour moi
Et je pense que je peux avoir confiance en toi
Je lui réponds tu peux tout m'expliquer
Peu importe la nouvelle je l'accepterai
Nous nous sommes assis sur un banc
Et pour tout vous dire, il a été franc
Il m'a dit Jérémy, je suis gay
Ca y est maintenant tu le sais
Sans le vouloir je lui ai souri
Il a cru que j'allais le rayer de ma vie
Mais c'était bien autre chose
Que le sourire était la cause
J'étais content pour lui
C'est épanoui qu'il aller continuer sa vie
Mais sa nouvelle va vite devenir cauchemar
Axel, lui, va commencer à en avoir marre
Tu aimes bien te faire sauter
Par tous les mecs de ta cité
Pourtant il habitait une petite ville
Qui avait l'air assez tranquille
Les autres insultes je ne les écrirais pas
Mais certaines sont deux fois pires que ça
Il ne savait vraiment plus quoi faire
Ses parents ne connaissaient rien de l'affaire
On lui dit un jour qu'ils allaient déménager
Car son père a dû être muté

C'est à Marseille qu'ils se sont installés
Pour vivre une nouvelle vie plus apaisée
C'est dans cette ville que j'ai déménagé
Quelques années après
Il m'invite un jour chez lui
Nous jouons tranquillement avec Axel
Son frère arrive de l'école, il fait déjà nuit
Il demande à Axel de l'aide
Je suis descendu environ quinze minutes en bas
Pour aider son petit frère Lucas
Dans ses devoirs du lendemain
C'était assez compliqué c'est certain
Je ne sais pas si le coup était préparé
Mais c'est un cauchemar que j'ai vécu
Quand c'est le cri de Lucas que j'ai entendu
Il était monté prendre un carnet pour noter
Je suis monté en vitesse voir ce qui se passait
J'ai vu et entendu Lucas qui pleurait
Devant son frère pendu qui ne respirait plus
Je n'ai pas réfléchi, j'ai appelé le SAMU
Les secours n'ont rien pu faire de plus
Il est décédé sous notre vue
Avec Lucas on s'est serré dans les bras
Jamais on n'aurait pensé voir cela
Ses parents ont été avertis
C'est en vitesse que du boulot ils sont sortis
Ils ont retrouvé le corps sans vie
Leur fils a mis fin à ses jours, la nuit
Nous avons assistés à l'enterrement
D'un jeune homme sans précédent

Je terminerais ce recueil de poèmes, par une histoire, qui me touche beaucoup plus qu'une autre. Tout simplement car cette histoire est la mienne. Je me suis déjà libéré dans mon précédent livre « Les larmes à double sens ».

Mais avec l'idée qui m'est venue de défendre cette cause à ma manière, en reprenant des témoignages d'enfants harcelés sous forme de poèmes. Je me suis dit que mon histoire avait sans aucun doute sa place, aux côtés de tant d'autres qui ont bien voulu témoigner.
.

Jérémy

Je m'appelle Chorzepa Jeremy
Et j'ai choisi de raconter un épisode de ma vie
Cela se passa en 6ème, au collège
Je ne le savais pas, je tombai dans le piège
Le harcèlement me guettait, et me tomba dessus
Je n'ai jamais compris pourquoi, je suis perdu
Cela commença en 2007, en début d'année
Les professeurs étaient tous très sympas
Mais au niveau des élèves, ce n'était pas le cas
Dès le départ, ils m'ont créé des ennuis
Comme souffre-douleur j'avais été choisi
Des objets volés dans ma trousse ou dans mon sac
Frappés par derrière, c'est sûr, ils me saquent
Et encore, ce n'était rien par rapport à la suite
Car pour moi, la pire des choses s'est produite
Par les 3ème, j'ai souvent été embêté, souvent victime
Ce qu'ils m'ont fait, c'est illégal, un crime
Je n'étais pas assez fort dans mon caractère
Voilà pourquoi je faisais leurs affaires
Dans les toilettes, mon pire cauchemar commençait
Je suis devenu dans leurs mains leur jouet
Enfermé dans une cabine avec eux, j'ai subi un viol
Ça a été douloureux, mais je n'en dirais pas plus de paroles
De mes yeux, les larmes n'ont pas arrêté de couler
Personne ne l'a, malgré tout, remarqué
Pourtant, j'en suis sûr, certains étaient au courant
Car ils étaient à la porte des toilettes à ce moment
Ils ont vu le grand en sortir en riant
Et un plus petit sortir en pleurant

L'envie de travailler n'y était plus
Et pour tout dire, n'est jamais revenue
Mes notes n'étaient pas à la hauteur
Impossible de les améliorer, à cause de mes agresseurs
Ni mes profs, ni ma famille ne connaissaient mon secret
Et je ne comptais pas leur avouer la vérité
Certains amis m'ont lâché, ils sont au courant
Ceux qui ont tout divulgué, c'était les deux grands
En quatrième, j'ai eu 16 ans, j'ai quitté le système scolaire
En quittant dans le même temps cet enfer
C'est grâce à l'écriture que j'ai extériorisé mes douleurs
Aujourd'hui, c'est moi qui soutiens les autres dans leurs malheurs

Remerciements

Je voudrais, tout d'abord, remercier de tout cœur, toutes les personnes qui ont bien voulu témoigner pour ce recueil.

Je remercie aussi Elisa Dexet qui, pour la deuxième fois, a été mon illustratrice. Sans elle, mon livre ne ressemblerait à rien, même si bien sûr c'est l'intérieur qui compte le plus, mais bon quand même.

Caroline, je ne citerais pas ton nom mais tu te reconnaîtras facilement, je te remercie pour tout le travail que tu as fait pour que ce livre soit « une référence » pour défendre cette cause. De même, je remercie aussi Romain pour le temps passé sur ce livre

Ce livre, c'est peut-être le mien dans le fond, mais je peux dire que c'est aussi le vôtre. Vous, qui avez accepté de témoigner. Vous, les petits anges, qui, de là-haut, regardez notre combat, pour qu'il n'y ait plus jamais cela. Vous aussi, les jeunes, qui aujourd'hui subissez encore ce fléau.
Tous ensembles, disons stop au harcèlement !

Index

Le collège de l'enfer..7
Du bonheur à l'enfer..9
Le piège...11
Le geste...13
Vitiligo..15
Trisomie 21...17
Alison..19
Chemin suivi...21
Dana..23
Lana...25
Elisa...27
Elodie..29
Eloise...31
Jeudi 23 septembre..33
Justine..35
Ludivine..37
Emeline..41
Marie...43
L'Amour tué..45
Oiseau de pluie..47
Le bouc émissaire..49
Sophie..51
Sylvain...53

Spirale infernale 55
Un témoin 57
Famille Harcelée 59
Céline 63
Matteo 69
Axel 71
Jérémy 75

© 2016, Jérémy Chorzepa

Edition : BoD - Books on Demand
12/14 rond-point des Champs Elysées, 75008 Paris
Imprimé par Books on Demand GmbH, Norderstedt, Allemagne
ISBN : 9782810627707
Dépôt légal : Février 2016